PUBLICATIONS SCIENTIFIQUES

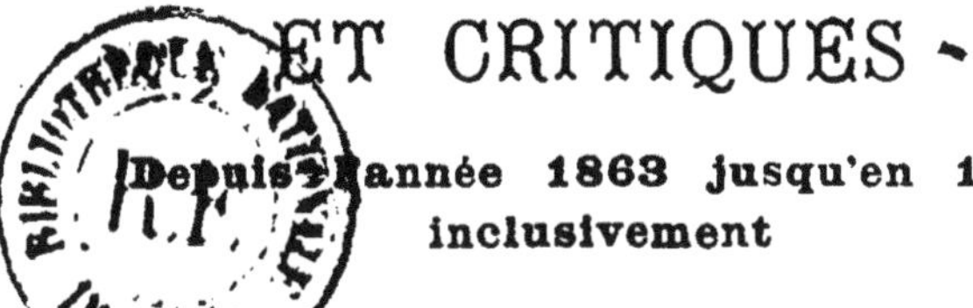

ET CRITIQUES

Depuis l'année 1863 jusqu'en 1887 inclusivement

DU

Dr Eugène VERRIER

de Provins (Seine-et-Marne)

Secrétaire général de la Société d'Ethnographie,
Archiviste de la Société Obstétricale et Gynécologique,
Ancien préparateur à la Faculté de médecine,
Lauréat de l'Académie de médecine,
Membre titulaire de la Société d'Anthropologie,
Membre correspondant
des Sociétés Gynécologiques de Madrid et de Boston,
de la Société Médico-Chirurgicale de Liège,
de la Société de Médecine d'Anvers,
Officier d'Académie.

PARIS
IMPRIMERIE DUBUISSON ET Cie
(Pallet, gérant)
5, RUE COQ-HÉRON, 5

1888

PUBLICATIONS SCIENTIFIQUES
ET CRITIQUES

Depuis l'année 1863 jusqu'en 1887 inclusivement

1863

Du forceps-scie des Belges (Thèse inaugurale.)

Observation de môle vésiculaire. (Communiqué au premier congrès médico-chirurgical de Rouen.)

1864

De la môle hydatique de l'utérus. (Couronné par la Société de médecine d'Anvers.)

Quelques indications de l'opération césarienne, suivies de l'accouchement prématuré artificiel. (*Abeille Médicale.*)

Des positions inclinées du sommet et d'un nouveau traitement des affections puerpérales. (Communiqué à la Société de médecine pratique.)

Conduite de l'accoucheur lorsqu'il est obligé d'intervenir dans les positions occipito-postérieures. (*France Médicale.*)

De l'anesthésie en obstétrique (lu à la Société de médecine pratique) et de l'emploi du chloroforme dans les accouchements. (*France Médicale.*)

Du forceps à tractions soutenues. (*Abeille Médicale.*)

De la mort subite des enfants nouveau-nés. (*France Médicale.*)

De la mort subite chez les femmes récemment accouchées. (*Gazette des Hôpitaux.*)

De l'accouchement forcé dans le cas d'insertion vicieuse du placenta (*Gazette des Hôpitaux.*)

Esquisse d'une théorie nouvelle de l'action musculaire de S. Hautgon. (Traduit de l'anglais; *France Médicale.*)

De l'hématocèle utérine, par Matheus Duncan. (Traduit de l'anglais; *Abeille Médicale.*)

1865

Du pronostic et du traitement de la pneumonie pendant la grossesse. (Lu devant l'Académie de médecine le 24 octobre).

Petites difficultés de la pratique obstétricale, avec figures, et d'un nouveau traitement des affections puerpérales.

Mémento de l'accoucheur Hatin-Verrier. (Agenda formulaire de l'*Abeille Médicale.*)

1866

Parallèle entre le céphalotribe et le forceps-scie. (Lu devant l'Académie de Médecine de Paris le 25 septembre.)

Quelle part doit-on attribuer au traumatisme dans les affections puerpérales ? (Thèse de concours d'agrégation.)

1867

Historique de l'art des accouchements. (Leçons faites à l'Ecole pratique de la Faculté, 1866-67.)

Lettres sur l'enseignement médical en Belgique. (*Mouvement Médical.*)

1868

Manuel pratique de l'art des accouchements, avec préface de M. le professeur Pajot. (550 pages et 80 figures.)

Du bain dans l'état puerpéral. (*Gazette des Hôpitaux.*)

— —

1869

Des dangers et de l'utilité du théâtre au point de vue de la santé. (*Science pour tous.*)

1871

Un mois à Cusset-Vichy. (Etude d'hydrologie médicale.)

Rapport sur l'ambulance des Dominicains d'Arcueil, pendant le siège et la Commune.

1872

Fondation de la *Gazette Obstétricale*, rédaction en chef jusqu'en 1876.

1873

Essai sur la colonisation française dans l'extrême sud du continent américain.

1874

Manuel pratique de l'art des accouchements, avec 88 fig., 600 pag., 2e édit. revue et augmentée.

1876

Le premier âge ; fragments d'hygiène et de médecine domestiques. (*Gazette Obstétricale.*)

Guide du médecin praticien et de la sage-femme, pour le diagnostic et le traitement des maladies utérines, 1 vol. grand in-18, avec 135 fig. et 700 pag.

1877

De la policlinique, ou de l'enseignement médical par la visite de l'élève chez le malade en ville avec le professeur (Anonyme).

Policlinique obstétricale. Grossesse double de trois mois. Avortement d'un premier fœtus, treize jours après avortement du second. Disposition curieuse des placentas (*Revue de thérapeutique médico-chirurgicale.*)

1878

La comédie et la musique dans leurs rapports avec la santé. *(Journal d'Hygiène)*.

Prophylaxie des teignes dans les crèches, asiles, écoles, etc... (Communiqué au Congrès international d'hygiène au Trocadéro : *Journal d'hygiène*, avec figures.)

1879

Manuel pratique de l'art des accouchements, 3e édit., 90 fig., 605 pag., augmentée des tableaux d'accouchements, revus et corrigés par M. le professeur Pajot.

La gynécologie et la dermatologie dans leurs rapports communs. (*Gazette Obstétricale.*)

Note sur la gravité des maladies cutanées parasitaires pendant la grossesse. (Communiqué à la Société médicale d'Anvers.)

Luxation complète en arrière de la phalangette de l'auriculaire sur la phalange. (Communiqué à la Société médico-chirurgicale de Liège.)

Du traitement des déviations utérines par la position et la gymnastique. (*Gazette Obstétricale.*)

De l'emploi du viburnum en obstétrique et en gynécologie. (*In. Gazette Obstétricale.*)

Contribution à l'étude des accouchements chez les primipares âgées. Rigidité des parties molles. (*Gazette Obstétricale.*)

1880

Conférences à la Faculté des sciences de Lyon, au boulevard des Capucines et au Casino de Rouen. Cette dernière devant MM. les membres de la Ligue de l'Enseignement. Sur l'histoire naturelle des végétaux parasites qui vivent sur l'homme. (Avec projections à la lumière oxhydrique, 1879-80.)

L'éventail au point de vue hygiénique.

Quelques mots sur son histoire. (*Journal d'Hygiène.*)

Singuliers effets du hachisch. Son utilité en gynécologie. (*Journal des Sages-Femmes.*)

Sématotechnie. Analyse d'une science nouvelle proposée par Galtier-Boissière. (*Chronique de la Science.*)

1881

Appareil pour la réduction instantanée des déviations utérines. (*Gazette Obstétricale.*)

Du perfectionnement dans la construction et dans l'application de l'appareil pour le redressement des déviations utérines. (Communiqué au Congrès médical international de Londres.)

Essai sur l'influence que peuvent avoir sur le développement et le caractère des maladies du cuir chevelu, le climat, la différence des races et la manière de vivre. (Communiqué au Congrès international de Londres.)

1882

De la crémation. (Conférence faite au Cercle républicain de Seine-et-Marne.)

Nos ancêtres. (Étude humoristique d'anthropologie.)

Des services d'accouchements dans les

hôpitaux. Ce qu'ils sont, ce qu'ils devraient être. (Anonyme.)

Influence de la luxation coxo-fémorale sur la conformation du bassin. (Ouvrage qui a reçu une somme de 500 francs, pour le prix Capuron, au concours de l'Académie de Médecine en 1881. Imprimé en 1882.)

Les bains publics à Rome. Conférence. (Étude d'hygiène et de morale sur l'ancienne Rome.)

Une année du *Médecin Praticien*. Rédaction en chef. (Journal hebdomadaire de médecine et de chirurgie.)

Essai sur l'orientation des menhirs, à propos du menhir de Saint-Brice, près Provins. (Conférence au Cercle républicain de Seine-et-Marne.)

Le docteur de Cuise-la-Motte. (Conte drôlatique imité de Rabelais.)

Rachitisme. Rétrécissement du bassin. Accouchement prématuré à huit mois, présentation de l'épaule, version, enfant né vivant chez une femme ayant subi la céphalotripsie. (*Médecin praticien*, n° 43.)

De la réforme des hôpitaux d'enfants. Nécessité de la création d'un Dispensaire pour les hôpitaux d'enfants. (*Médecin Praticien*, 20 mai.)

Traité pratique de l'art des accouchements

Delore et Lutaud. — Analyse par Verrier. (*Médecin Praticien*, 23 décembre.)

Des professeurs libres des sciences médicales. (*Médecin Praticien*, n° 52.)

De la métorrhagie. (*Médecin Praticien*, n°s 3 et 4.)

Des différences dans la pratique entre les forceps Levret et Tarnier. (*Médecin Praticien*, n° 5.)

Des modifications du col de l'utérus à la suite de l'accouchement. (*Médecin Praticien*, n° 12.)

L'hygiène et la médecine sociale à l'Académie de médecine. — Nécessité de la création d'une direction centrale de la santé publique. (*Médecin Praticien*, n°s 21 et 22.)

Tumeur congénitale du crâne peu commune chez un jeune enfant. (*Médecin Praticien*, n° 35.)

De la trachéotomie chez l'adulte. (*Médecin Praticien*, n° 32.)

De la pelade, avec plusieurs figures. (*Médecin Praticien*, n°s 18 et 19.)

Note sur un cas d'éventration fœtale, avec un seul membre inférieur. (*Phocomèlie de Geoffroy Saint-Hilaire*), considéré au point de vue de la dystocie (présenté à l'Académie de médecine le 12 décembre). (*Médecin Praticien* n° 50.)

De certaines tumeurs du sein chez la femme. (*Médecin Praticien*, nº 47.)

1883

La femme devant la science, considérée au point de vue du système cérébral. (Conférence à la salle Rivoli.)

La crémation dans les temps anciens et dans les temps modernes. (Deuxième conférence faite à Châteauneuf (Puy-de-Dôme), et reproduite dans l'*Auvergne thermale*, 26 août.)

De l'hygiène du baigneur à Châteauneuf. (Conférence.)

De l'avantage des bains pris en piscines. (*Revue des villes d'eaux*, nº du 14 juillet.)

Leçons cliniques sur les maladies des femmes, par A. Tripier; analyse par Verrier. (*Médecin Praticien*, 21 juillet.)

Anomalie extraordinaire des doigts. (*Gazette hebdomadaire*, tirage à part.)

Note clinique sur la môle vésiculaire. (*Gazette hebdomadaire*, tirage à part.)

Des cosmétiques chez les Romains et les modernes. (*Europe thermale.*)

De la commotique ou de l'*ars fucatrix* chez les Romains. Ce qui en reste au XIXe siècle. (*Europe thermale.*)

Note accompagnée de pièces anatomiques

présentées à la Société de chirurgie le 25 avril. (*Bull. Société de chirurgie.*)

Direction du premier âge. (*Médecin Praticien*, du n° 31 au 39.)

De la réduction par le forceps des positions occipito-postérieures du sommet. (*Médecin Praticien*, n°s 10-11.)

Cours complet d'accouchement pour les aspirantes au doctorat et les sages-femmes. (Leçon d'ouverture; *Médecin Praticien*, n° 4.)

Traité pratique des accouchements, par A. Charpentier, 2 vol., analysé par Verrier. (*Médecin Praticien*, n°s 17-18.)

De la déchirure obstétricale du périnée, procédé de restauration à employer. (*Médecin Praticien*, n° 1.)

Une page d'histoire rétrospective sur la Maternité de Paris. État actuel de cet établissement. (*Médecin Praticien*, n°s 47-48.)

La vérité sur Châteauneuf. (*Monde Thermal.*)

Présentation d'un vase romain et objets trouvés dans une mine exploitée par les Romains. — Ossements d'un cimetière du v° siècle. (*Société d'anthropologie.*)

1884

La femme au Tonkin. (*La Citoyenne*, n° 88 et suivants.)

La femme chef de famille. (*La Citoyenne*, nos 83-84.)

Parallèle entre Saint-Nectaire-le-Bas et Saint-Nectaire-le-Haut. (*Europe thermale*, nos 15-16).

Supériorité du forceps de Tarnier sur celui de Levret, dans les positions occipito-postérieures. (*Revue médico-chirurgicale des Maladies des femmes*, n° 2.)

De la surveillance du périnée à la fin du travail, avec trois figures. (*Revue médico-chirurgicale des Maladies des femmes*, n° 3.)

Le choléra. (*La Citoyenne*, n° 87.)

Des eaux thermales chez les Romains. — Premier établissement à Châteauneuf. (*Europe thermale*, nos 3-5.)

Du choix d'un antiseptique en obstétrique. (*Journal de médecine de Paris*, n° 26 ; tiré à part.)

De la douche locale à Saint-Nectaire-le-Bas. (*Auvergne thermale*.)

De l'avortement criminel chez les anciens et les modernes. (*Revue Scientifique*, n° 25.)

Du choix d'une eau minérale pour le traitement des affections utérines. (*Auvergne thermale*, n° 6.)

A propos du Malthusianisme. (Lettre à M. le directeur du *Journal de Médecine de Paris*, n° 19.)

La femme, son passé, son présent, son avenir. (*La Citoyenne*, n° 82.)

Anomalie placentaire. Classification du bassin suivant les races. — Muraille vitrifiée de Châteauneuf. (*Bulletin de la Société d'Anthropologie.*)

1885

Dystocie par mort de fœtus dans la cavité utérine. Céphalatomie, emphysème, grangrène, phlébite, guérison. (*Revue médic. chirurg. des mal. des femmes*, n° 11.)

Quelques modes de l'accouchement consacrés par des monuments religieux. (Note à la Société d'Anthropol. 7 mai.)

De l'obstétrique comparée dans les races humaines, à propos du livre du Dr Engelmann. (*Journal l'homme.*)

Contribution à l'étude du diagnostic gynécologique par le Dr Cortiguéra. — Traduit de l'espagnol par Verrier.— (Tirage à part, *Archives de Tocologie.*)

Les instruments d'obstétrique et les manœuvres en 1885. (*Monit. de la Policliniq.* n° 21.)

De l'action thérapeutique des eaux de St-Nectaire sur la menstruation. (*Monde thermal*, n° 1.)

Réflexions à propos de deux positions occipito-postérieures du sommet (*Journal de médecine de Paris*, n° 3.)

De la régression incomplète de l'utérus, *Auverg. thermale*), tirage à part à Clermont.

De l'accouchement composé dans les races humaines du Dr Engelmann — Résumé et conclusion — traduit de l'anglais par Verrier. (*Bull. de la Sté d'Anthrop.* 16 octobre.) Tirage à part avec 10 fig. dans le texte.

L'inspectorat des eaux minérales — Réponse à M. le Dr Max. Legrand, sur le même sujet (*J. de méd. de Paris*, 15-19. Anonyme.)

Classification des postures obstétricales prises par les différents peuples et en particulier de la posture debout et de ses variétés (Soc. obstétricale et gynécolog. *Archives de Tocologie*, n° 3) avec fig.

Grossesse gémellaire : un œuf développé, le second atrophié, papyracé avec fig. (Sté obstétric. et gynécolog.) *Nouvelles archives d'obstériq. et de gynécologie.*

De l'angle formé par le plan supérieur du bassin dans la station debout dans les différentes races humaines et de l'indice sacro-pubien (*Journal l'homme*).

De la délivrance comparée dans les races. (Du n° 46 au 51, *Monit. de l'hygiène publique.*)

De l'amélioration du sort des femmes. (N° 40 *Monit. de l'hygiène publique.*)

Du sort de la femme dans la société. (*Monit. de l'hygiène publique.*)

De la version spontanée céphalique dans la présentation du siège. (*Archiv. de Tocologie*; juin.)

Présentation d'un goniomètre pour la mesure des angles du bassin en anthropologie et en obstétrique. (*Mém. de la Sté obstétric et gynecolog.*)

De l'infanticide et des mutilations ethniques pratiquées sur l'enfant. (*Revue scient.* nº 12 ; 1884.)

Différences ethniques du système pileux. (*Journal l'homme.*)

1886

De la blennorrhagie chez les peuples de race jaune. (*Monit. hygiène publique*, nºs 40, 41, 44, 46.)

Du chancre, du bubon, des végétations et des condylomes chez les peuples de race jaune. (*Monit. hyg. publiq.* 42 et 48.)

A propos des doctrines obstétricales modernes. (*Monit. de l'hyg. publiq.* 32, 33.)

Cours d'ethnographie médicale ; Leçon d'ouverture. (*Allianc. Scientif. univers.* nº 77.)

Hygiène et éducation de la 2e enfance. (*Monit. de l'hyg. publiq.*) (broch. in-8 de 45 p.)

Gynécologie pratique. (*Courrier médical*), (broch. in-8 de 48 pag. avec fig.)

Des anomalies symétriques des doigts et du rôle que l'on peut attribuer à l'atavisme dans ces anomalies. (Broch. in-8 avec fig. lue à l'Académie des sciences le 23 mars 1885 et publiée dans le *Journal de méd. de Paris.*)

Leçons sur l'accouchement comparé dans les races humaines professées à l'école pratique de la Faculté de Médecine. (Un vol. in-8° de 200 pages avec nombreuses figures.)

Histoire du pain. (*Journ. de la Santé*, n° 48.)

Placenta succenturia. — Hémorrhagie par insertion vicieuse (1885.)

Des déformations artificielles du crâne et en particulier du crâne des Caraïbes, avec 5 fig. (*Archives de la Société Américaine de France.*)

1887

Observation sur l'influence des eaux alcalines sur les productions cryptogamiques de la peau et des muqueuses. (*Nouveaux documents sur Chabetout et ses eaux*, par N. Pascal, p. 7.)

A propos de deux observations d'hématocèle chez la femme. (*Moniteur de l'hygiène publique*, n°s 1, 2, 3, 4.)

L'hygiène et la médecine en Chine. (*Hygiène pratique*, n° 30.)

Hygiène de l'adolescence. (*Hygiène pratique*, brochure in-8 de 80 pages.)

Ethnographie, histoire et géographie de

la lèpre, avec carte. (*Bulletin de la Société d'ethnographie*, nº 1.)

Ethnographie médicale des peuples de race jaune. (*Bulletin de la Société d'ethnographie*, nºˢ 3, 4, 5. 6.)

La religion du nègre. (Extrait d'un ancien manuscrit mis en français et corrigé par E. Verrier.) (Même *Bulletin*. nºˢ 7, 8.)

La médecine dans l'Avesta, de M. Casartelli, analysée par Verrier. (Même *Bulletin*.)

Anthropologie, ethnographie et pathologie comparée des Néo-Calédoniens. (Discours prononcé à la réunion générale de la Société d'ethnographie. (*Bulletin de la Soc. d'ethnogr.*)

Gerbert, premier pape français. Son système d'écriture secrète. (Broch. in-8 de 64 pages.)

Manuel pratique de l'art des accouchements. (650 pages et 105 figures, avec tableaux de M. le professeur Pajot ; 5ᵉ édition.)

De la perte sénile de la mémoire des mots. (*Journal de la Santé*, nº 9.)

L'acupuncture et la gymnastique chez les Chinois. (*Journal de la Santé*, nº 28.)

Du choix d'une eau de table. Que penser des eaux minérales gazeuses ? (*Journal de la Santé*, nº 32.)

Des variations médicales dans le traitement de l'obésité. (*Journal de la Santé*, nº 40.)

De l'altération chimique des liquides digestifs. (*Journal de la Santé*, n° 44.)

Sur le retour immédiat de l'innervation après la suture des nerfs, analysé par Verrier. (*Journal de la Santé*, n° 46.)

De l'effacement sénile des images visuelles des mots, amnésie visuelle. (*J. de la Santé.*)

Des rêves et de leur explication dans la médecine chinoise par la théorie des organes essentiels. (*Bulletin de la Soc. d'ethnogr.*)

Clinique chirurgicale. Des rapports de la grossesse, du travail et des suites de couches avec le traumatisme en général. (*Courrier médical*, nos 46, 47 et 48. Tirage à part.)

EN COURS DE PUBLICATION

POUR PARAITRE EN 1888

Pathologie de la grossesse. Quelle part doit-on attribuer au traumatisme sur la production de l'avortement? (*Santé publique*, 3e série, nos 1 et suivants.)

Hygiène du premier âge. (*Journal de la Santé*, nos 46 et suivants.)

Essai sur l'ethnographie du Japon. (*Mémoires de la Société d'ethnographie.*)

Géo-ethnographie de l'Araucanie. (*Arch. de la Soc. Américaine de France.*)

Traitement des métrites chroniques par les eaux minérales de France. (*Monde thermal.*)

Ethnogénie et ethnographie des Indiens de l'Amérique. (*Bull. de la Soc. d'ethnographie.*)

Paris. — Imp. Dubuisson et Cie, rue Coq-Héron, 5.
(Pallet, gérant).

Paris. — Imprimerie Dubuisson et Cie. (Pallet, gérant)
5, rue Coq-Héron.

www.ingramcontent.com/pod-product-compliance
Ingram Content Group UK Ltd.
Pitfield, Milton Keynes, MK11 3LW, UK
UKHW020235180726
13838UKWH00005B/2384

9 782329 351483